DES DÉLITS

COMMIS SUR LE

TERRITOIRE NATIONAL

OU EN

PAYS ÉTRANGER

PAR

HENRI FRÉMONTEIL

Prix : 2 francs

PARIS
LAROSE ET FORCEL, LIBRAIRES-ÉDITEURS
22, RUE SOUFFLOT, 22

1885

DES DÉLITS

COMMIS SUR LE

TERRITOIRE NATIONAL

OU EN

PAYS ÉTRANGER

PAR

HENRI FRÉMONTEIL

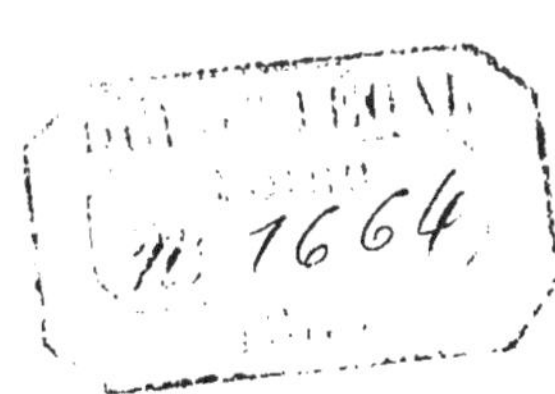

Prix : 2 francs

PARIS
LAROSE ET FORCEL, LIBRAIRES-ÉDITEURS
22, RUE SOUFFLOT, 22

1885

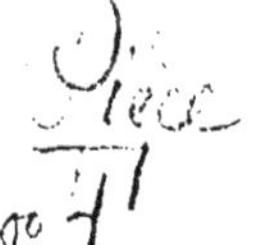

DES DÉLITS

COMMIS SUR LE

TERRITOIRE NATIONAL

OU EN

PAYS ÉTRANGER

La question de savoir dans quels lieux et sur quelles personnes la loi pénale exerce son empire soulève un des problèmes les plus intéressants de législation. Elle se rattache, en effet, non seulement au droit public interne, mais aussi au droit public international.

Nous allons examiner comment ce problème a été résolu dans notre droit positif.

Nous distinguerons d'abord les infractions à la loi pénale commises sur notre territoire, et celles commises sur un territoire étranger.

CHAPITRE PREMIER.

DES INFRACTIONS A LA LOI PÉNALE COMMISES SUR NOTRE TERRITOIRE.

Lorsqu'une infraction à la loi pénale a été commise sur notre territoire, il est certain qu'en principe elle tombe sous l'application de notre loi pénale et que le coupable peut être jugé par nos tribunaux. Il n'y a pas à distinguer, dans cette hypothèse, quelle est la nature ou la gravité de l'infraction, si elle constitue un crime, un délit de police correctionnelle ou une contravention de simple police;

ni quelle est la nationalité soit de l'agent, soit du patient du délit.

L'article 3 du Code civil déclare, en effet, que « les lois « de police et de sûreté obligent tous ceux qui habitent le « territoire ». Or, les lois pénales sont toutes, par excellence, des lois de police et de sûreté qui obligent les étrangers, aussi bien que les nationaux.

A ce point de vue on peut dire que la loi pénale est *territoriale*, en ce sens qu'elle s'applique aux délits commis sur le territoire national, abstraction faite de la qualité des personnes qui en sont les auteurs ou les victimes.

§ 1. EXCEPTIONS AU PRINCIPE DE LA TERRITORIALITÉ DE LA LOI PÉNALE. — Les termes généraux de l'article 3, que nous venons de rapporter, semblent n'admettre aucune restriction au principe que les lois de police et de sûreté et, par suite, les lois pénales obligent tous ceux qui habitent le territoire.

Néanmoins, quelques exceptions à la responsabilité pénale, ou plutôt au droit de punir en France les délits commis sur son territoire, ont été consacrées par notre droit public interne ou par le droit public international, au profit de certaines personnes qui, en raison de leurs fonctions, doivent jouir d'une immunité complète. Ces personnes sont, d'une part, les membres des assemblées législatives, et, d'autre part, les agents diplomatiques.

Membres des assemblées législatives. — En ce qui concerne les membres de nos assemblées législatives, c'est-à-dire les députés et sénateurs, il importait, pour assurer leur indépendance, de les soustraire à l'application de la loi pénale pour tous les actes rentrant dans l'exercice de leur mandat. Aussi le principe de l'irresponsabilité pénale décrété par l'Assemblée constituante, sur la motion de Mirabeau, au profit des représentants du peuple, a-t-il été reproduit par nos diverses constitutions. Il est actuellement formulé dans la loi constitutionnelle du 16 juillet 1875 sur les rapports des pouvoirs publics, dont l'article 13 est ainsi conçu : « Aucun membre de l'une ou de l'autre « Chambre ne peut être poursuivi, ni recherché, à l'occa- « sion des *opinions* ou *votes* émis par lui dans l'exercice de « ses fonctions. »

La nouvelle loi sur la presse, du 29 juillet 1881, a confirmé cette règle, en la développant. Aux termes de l'article 41 de cette loi, « ne donneront ouverture à aucune « action les *discours* tenus dans le sein de l'une des deux « Chambres, ainsi que les *rapports* ou toutes *autres pièces* « imprimées par ordre de l'une des deux Chambres ».

Il résulte des termes généraux que nous venons de citer que les discours, votes ou opinions des membres de nos assemblées législatives, ne peuvent donner lieu ni à une action publique, ni même à une action civile en dommages-intérêts (1).

Agents diplomatiques. — En ce qui concerne les agents diplomatiques, il est admis, d'après les règles du droit public international, qu'ils doivent être soustraits à la juridiction du pays dans lequel ils exercent leurs fonctions. En effet, le principe de la souveraineté des Etats et de leur indépendance réciproque ne permet pas que le représentant d'une nation puisse être soumis à l'autorité des tribunaux de la nation auprès de laquelle il est accrédité ; s'il était exposé à des poursuites dans le pays où il a été chargé de représenter son gouvernement, il n'aurait

(1) Dans les Etats monarchiques, on admet également que la personne du souverain est irresponsable pénalement. C'est ainsi que la constitution de 1791 et les chartes de 1814 et 1830 déclaraient que « la « personne du roi est inviolable et sacrée ».

Dans les gouvernements républicains, le chef du pouvoir exécutif n'échappe pas à la responsabilité pénale, ni pour les délits de droit commun, ni même pour les délits relatifs à ses fonctions ; mais on organise habituellement, dans son intérêt, des juridictions et une procédure spéciales.

D'après nos lois constitutionnelles, le Président de la République n'est responsable, au point de vue politique, qu'en cas de haute trahison et, en tout cas, il ne peut être mis en accusation que par la Chambre des députés et ne peut être jugé que par le Sénat (art. 6 L. 25 fév. 1875 ; art. 12 L. 16 juillet 1875).

plus l'indépendance et la sécurité nécessaires pour accomplir sa mission.

Les jurisconsultes romains proclamaient déjà le caractère sacré des ambassadeurs : *sancti sunt legati*, disait Pomponius.

Un décret de la Convention nationale du 13 ventôse an II, que l'on considère comme étant toujours en vigueur, a formellement consacré ce principe du droit public. Ce décret s'exprime ainsi : « Il est interdit à toute autorité « constituée d'attenter en aucune manière à la personne « des envoyés des gouvernements étrangers; les récla- « mations qui pourraient s'élever contre eux seront por- « tées au Comité de salut public, qui seul est compétent « pour y faire droit. »

Le projet du titre préliminaire du Code civil, tel qu'il avait été arrêté par le Conseil d'Etat, contenait, à cet égard, une disposition spéciale destinée à restreindre la portée de l'article 3 que nous avons reproduit plus haut. Cette disposition était ainsi conçue : « Les étrangers « revêtus d'un caractère représentatif de leur nation, en « qualité d'ambassadeurs, de ministres, d'envoyés, ou « sous quelque autre dénomination que ce soit, ne seront « point traduits ni en matière civile, ni en matière crimi- « nelle, devant les tribunaux de France. Il en sera de « même des étrangers qui composent leur famille ou qui « seront de leur suite. »

Cette disposition additionnelle fut, il est vrai, supprimée, mais par le motif indiqué par Portalis, qu'elle appartenait plutôt au droit des gens qu'au droit civil; elle était ainsi toujours considérée, dans l'esprit des législateurs, comme établissant la règle de conduite de nos relations internationales (1).

(1) Les personnes qui jouissent de cette immunité, c'est-à-dire du privilège de n'être pas soumises à la juridiction du pays où elles exercent leurs fonctions, comprennent divers ordres d'agents diplomatiques. Ces ordres, que le congrès de Vienne, en 1815, avait fixés au nombre

L'immunité diplomatique s'applique non seulement à la personne de l'agent, mais aussi, d'après les usages internationaux, à sa femme et à sa famille ; elle s'étend aussi aux personnes qui composent sa suite officielle, et qui participent à sa mission avec un caractère public, tels que les conseillers, secrétaires, chanceliers, interprètes, attachés de légation ou autres. Mais elle ne protège pas, d'après l'opinion générale, les personnes qui sont uniquement attachées au service personnel de l'agent diplomatique ; c'est ce qu'a décidé la Cour de cassation dans un arrêt du 11 juin 1852.

de trois, ont été portés à quatre, dans la conférence d'Aix-la-Chapelle, en 1818.

Le premier ordre comprend les *ambassadeurs*, les légats et les nonces, qui sont accrédités par le chef de leur Etat auprès du chef de l'Etat étranger ;

Le second ordre est celui des *envoyés* proprement dits, ministres plénipotentiaires ou internonces ;

Le troisième est celui des *ministres résidents ;*

Ces deux derniers ordres, qui ont été distingués, en 1818, et qui ne diffèrent que par leur rang honorifique, ont ce caractère commun que les agents qui en font partie, quoique accrédités par le chef de leur Etat auprès du chef d'Etat étranger, ne sont reçus à traiter qu'avec le ministre des affaires étrangères, ou toute autre personne désignée à cet effet ;

Le quatrième ordre est celui des *chargés d'affaires*, qui ne sont accrédités qu'auprès du ministre des affaires étrangères.

Tous ces agents sont investis d'une mission diplomatique, et à ce titre ils jouissent de l'immunité relative à l'irresponsabilité pénale devant les juridictions du pays où ils sont accrédités. Mais les *consuls* ou agents consulaires, envoyés par leur gouvernement pour protéger les intérêts de leurs nationaux, principalement au point de vue du commerce et de la navigation, ne profitent pas de cette immunité. Ils ne sont pas accrédités auprès du chef de l'Etat, ni auprès du ministre des affaires étrangères et ne reçoivent pas de *lettres de créance ;* ils sont simplement porteurs de *lettres de provision* destinées à faire connaître aux autorités du pays la charge qui leur est confiée, et ils ne peuvent exercer leurs fonctions qu'en vertu de l'*exequatur* du gouvernement du pays où ils doivent se fixer. Bien qu'ils soient investis, dans l'intérêt de leurs nationaux, de certaines fonctions publiques d'administration, de police ou de juridiction, ils ne jouissent pas, en leur seule qualité, de l'immunité de juridiction, à moins de dispositions contraires dans les traités. (Sur les attributions des consuls, voir le Répertoire diplomatique et consulaire de M. Chevrey-Rameau, sous-directeur au ministère des affaires étrangères.)

La règle de l'irresponsabilité pénale devant nos juridictions doit-elle être observée, sans aucune distinction entre la nature ou la gravité des délits? Cette question délicate a donné lieu à plusieurs systèmes parmi les publicistes et les jurisconsultes. Une opinion très accréditée enseigne que la loi pénale est applicable à l'agent diplomatique, lorsqu'il se rend coupable d'infractions graves contre la sûreté de l'Etat auprès duquel il exerce ses fonctions, parce qu'alors il viole lui-même le droit des gens et qu'il ne peut plus être admis à en invoquer les dispositions destinées à le protéger. En employant son autorité et en se servant de son titre pour diriger des attentats ou former des complots contre la sûreté de l'Etat, il perd, dit-on, son caractère et devient un ennemi, et il importe alors au salut de l'Etat d'obtenir contre lui une punition exemplaire. On invoque en ce sens un mémoire du duc d'Aiguillon, ministre des affaires étrangères sous Louis XV, et communiqué, en 1772, aux diverses cours de l'Europe. Enfin on cite comme précédent l'arrestation, en 1605, d'un secrétaire de l'ambassadeur d'Espagne prévenu d'un complot contre la sûreté de l'Etat (en ce sens: Merlin, Faustin Hélie, Maugin). Malgré ces raisons et l'autorité des précédents invoqués, on admet généralement que l'irresponsabilité pénale couvre la fonction et non la personne de l'agent diplomatique; que tant que l'agent est revêtu de son caractère, il ne peut être soumis à nos lois et à nos juridictions pénales; que ce n'est pas le droit de punir qui peut être reconnu à l'Etat dont la sécurité est menacée, mais bien le droit de se défendre; que, suivant la gravité des circonstances, le gouvernement auprès duquel il est accrédité peut demander son rappel, lui signifier lui-même son congé, et, au besoin, l'éloigner du territoire en le reconduisant à la frontière, et en demandant, en outre, par la voie diplomatique, un désaveu et même une réparation au gouvernement étranger (en ce sens : Bertauld, Ortolan, Trébutien).

— Pour expliquer cette exception à la responsabilité pénale, on a eu recours à une *fiction* consistant à dire que l'hôtel des agents diplomatiques jouissait du privilège de l'*exterritorialité*, qu'il était ainsi considéré comme une dépendance et une continuation du territoire de l'Etat que ces agents représentaient. Mais il ne faut pas attacher à cette fiction de l'*exterritorialité*, à laquelle on recourt volontiers dans le langage diplomatique, une portée qu'elle n'a pas. Si on la prenait à la lettre, et si réellement on considérait l'hôtel d'un diplomate comme faisant partie du territoire de l'Etat dont il est le représentant, il faudrait dire que cet hôtel deviendrait alors un lieu d'asile pour les malfaiteurs qui s'y réfugieraient et d'où l'on ne pourrait les enlever sans obtenir leur extradition; en outre, il faudrait admettre, d'une part, que tous les délits commis dans l'hôtel seraient traités comme des délits commis en pays étranger, quelle que fût la nationalité du coupable, et qu'ainsi ils pourraient être jugés par les juridictions de l'Etat étranger, et, d'autre part, qu'ils ne pourraient l'être en France que dans les cas où les délits commis en pays étranger peuvent être poursuivis devant les tribunaux français. On arriverait même à soutenir que les délits commis par l'agent diplomatique lui-même, en dehors de son hôtel, ne doivent pas jouir de l'immunité reconnue par le droit des gens. Le privilège personnel deviendrait ainsi un privilège territorial; ce ne serait plus le fonctionnaire ou l'agent diplomatique qui serait protégé; ce serait son hôtel qui deviendrait terre étrangère. Notre jurisprudence pratique n'a jamais admis de telles conséquences. C'est ainsi que la Cour de cassation a jugé, avec raison, que l'étranger, qui ne fait pas partie du personnel diplomatique, est justiciable des tribunaux français pour les crimes commis en France, dans l'hôtel de l'ambassade (arrêt du 13 octobre 1865).

— Après avoir indiqué quelles sont les exceptions admises par notre droit public interne, ou par le droit public international, à la règle que les délits commis sur notre territoire sont soumis à nos lois et à nos juridictions pénales, nous devons déterminer ce que l'on entend par le territoire français, et quels sont les faits qui devront s'y être produits pour que l'on puisse dire que le délit a été commis sur le territoire national.

§ 2. DU TERRITOIRE NATIONAL. — Dans le langage juridique et au point de vue de l'application de la loi pénale, le territoire d'un Etat ne comprend pas seulement la portion du globe sur laquelle cet Etat a un droit de propriété, mais encore certains lieux ou objets sur lesquels il exerce un droit d'empire et de souveraineté et qui constituent ce que l'on appelle le territoire *fictif*. Ce territoire comprend : la mer territoriale, les lieux occupés par nos armées, et enfin nos navires, ou bâtiments de guerre ou de commerce.

Mer territoriale. — La mer, en général, est, comme le disaient les jurisconsultes romains, une chose commune dont la propriété n'est à personne et dont l'usage est à tout le monde. Aussi le principe de la liberté de la mer est-il reconnu par le droit international, parce que la mer n'est pas susceptible d'un droit de propriété ou d'empire au profit d'un Etat quelconque. Toutefois certaines parties de la mer sont soumises, sinon à la propriété, au moins à l'empire et à la juridiction de l'Etat riverain. Ce sont d'abord les ports et les rades, les golfes et les baies et, en outre, cette partie de la mer qui baigne les côtes jusqu'à la plus forte portée du canon et que l'on appelle spécialement la *mer territoriale*.

Dès lors, toute infraction à la loi pénale commise dans ces parties de la mer, c'est-à-dire dans nos eaux territoriales, est considérée comme ayant été commise sur notre territoire, sauf ce que nous dirons plus loin des délits commis à bord d'un navire étranger.

Lieux occupés par les armées. — Les lieux occupés par les armées françaises sur un sol étranger sont réputés faire partie intégrante du territoire français. *Là où est le drapeau, là est la France,* disait le premier Consul. Ce n'est pas, il est vrai, la France territoriale, la patrie matérielle, qui est représentée par nos armées ; c'est la France morale, la patrie spirituelle, en quelque sorte, l'âme de la nation.

S'il s'agit d'armées en marche ou en stationnement dans des terres désertes où aucune puissance n'a encore établi sa domination, ou qui ne sont habitées que par des peuplades barbares, nul doute que les délits qui sont commis dans les lieux occupés par nos armées ne doivent être traités comme des délits commis sur notre territoire. C'est ce qu'a jugé la Cour de cassation à l'occasion d'un homicide commis sur un Français par des indigènes dans le pays de Cayor, voisin de nos établissements de la côte occidentale d'Afrique (arrêt du 17 mai 1839).

Mais si nos armées sont sur le territoire d'une puissance étrangère, une distinction est nécessaire, suivant qu'elles sont sur un territoire ami ou neutre, ou sur un territoire ennemi.

Quand elles traversent ou occupent un territoire *ami* ou *neutre* sur lequel elles n'ont pu pénétrer que du consentement de la nation étrangère, nul doute que, quant aux délits de service ou de discipline les intéressant exclusivement, nos juridictions militaires ne soient compétentes; mais même dans le cas où il s'agit de délits de droit commun, si les coupables sont des militaires ou des individus attachés à l'armée, les conseils de guerre sont également compétents (décret du 21 février 1808 et art. 63 du Code de justice militaire de 1857).

Quand nos armées sont, au contraire, sur un territoire *ennemi,* dans tous les cas, même pour les délits de droit commun, la compétence appartient aux juridictions militaires, sans qu'il y ait à distinguer si l'agent du délit est un militaire ou un habitant du pays. L'occupation d'un territoire ennemi investit nos conseils de guerre d'un pouvoir de juridiction indépendant de la qualité des délinquants. La loi du 13 brumaire an V (art. 13) a consacré cette règle : « Nul ne sera traduit au conseil de guerre « que les militaires..... les *habitants du pays ennemi occupé « par les armées de la République* pour les délits dont la « connaissance est attribuée au conseil de guerre », et l'article 63 du nouveau Code de justice militaire a maintenu l'application de cette règle : « Sont justiciables des « conseils de guerre, si l'armée est sur le territoire « *ennemi, tous individus* prévenus soit comme auteurs, « soit comme complices, d'un des crimes ou délits prévus « par le titre 2 du livre IV du présent Code. » La jurisprudence a même étendu l'application de cette règle à toutes les infractions dirigées contre l'armée française et celles qui leur sont connexes (C. cas. 25 août 1865, 14 et 28 décembre 1865).

Navires de guerre ou de commerce. — Les navires de guerre et les bâtiments de commerce placés sous la nationalité de la France et couverts par son pavillon forment en quelque sorte le territoire mobile de l'Etat, ou plutôt sont une partie de l'Etat lui-même.

Si le navire est en *pleine mer,* il ne relève que de l'Etat dont il a la nationalité, et, dès lors, toutes les infractions pénales commises à bord soit par les matelots, soit par les passagers, par des Français, même envers des étrangers, ou par ceux-ci, même envers des Français, seront traitées comme si elles étaient commises sur le territoire français et jugées par nos juridictions, conformément à nos lois pénales.

Les délits de service intérieur et de discipline seront jugés par le capitaine, conformément aux règles du droit maritime. Les délits de droit commun, qui ne seront pas réprimés par lui, devront être, à l'arrivée du navire dans un port français, dénoncés à nos autorités, sauf au capitaine à remplir provisoirement à bord les fonctions de juge d'instruction.

Si le navire est mouillé dans un *port étranger* ou dans les eaux de la mer territoriale d'un pays étranger, une distinction doit être faite entre les navires de *guerre* et les navires de *commerce*.

Les vaisseaux de guerre ou forteresses mobiles de l'Etat font partie de la puissance publique et militaire du pays; ils ne peuvent être soumis à une souveraineté étrangère. Par suite, les délits commis à bord de nos navires de guerre, quel qu'en soit l'agent ou le patient, seront traités comme des délits commis en France.

Les navires de commerce ne sont, il est vrai, qu'une simple propriété privée et ne personnifient pas la souveraineté de l'Etat; mais, comme ils portent le pavillon de leur nationalité et qu'ils constituent une sorte de fraction détachée du territoire de leur Etat, un partage est à faire entre l'autorité des lois et des juridictions nationales et celle des lois et des juridictions du pays étranger dans les eaux duquel ils reçoivent l'hospitalité.

Un avis du Conseil d'Etat du 20 novembre 1806 établit, d'après cette distinction, la règle à suivre à l'égard des navires étrangers, dans nos ports ou eaux territoriales, et cette règle doit, par une juste réciprocité, être observée à l'égard de nos navires dans les eaux étrangères.

Cet avis est ainsi conçu : « Attendu qu'un vaisseau « neutre ne peut être indéfiniment considéré comme lieu « neutre, et que la protection qui lui est accordée dans les « ports français ne saurait dessaisir la juridiction territo- « riale pour tout ce qui touche aux intérêts de l'Etat; « qu'ainsi le vaisseau neutre admis dans un port de l'Etat « est de plein droit soumis aux lois de police qui régissent le « lieu où il est reçu ; que les gens de son équipage sont « également justiciables des tribunaux du pays pour les « délits qu'ils y commettent, même à bord, envers des « personnes *étrangères* à l'équipage, ainsi que pour les « conventions civiles qu'ils pourraient faire avec elles; « mais que si, jusque-là, la juridiction territoriale est

« hors de doute, il n'en est pas ainsi à l'égard des délits « qui se commettent à bord du vaisseau neutre de la part « d'un *homme de l'équipage neutre envers un autre homme* « *du même équipage;* qu'en ce cas, les droits de la puis- « sance neutre doivent être respectés comme s'agissant de « la discipline intérieure du vaisseau, dans laquelle l'au- « torité locale ne doit point s'ingérer, toutes les fois que « son *secours n'est pas réclamé* ou que la *tranquillité du port* « *n'est pas compromise.* »

Il résulte de cet avis du Conseil d'Etat que l'autorité de l'Etat auquel appartient le navire est reconnue d'abord pour les délits de service intérieur; en outre, même pour les délits de droit commun, mais seulement s'ils ont été commis à *bord et entre gens de l'équipage*, et pourvu que le secours de l'autorité locale ou territoriale ne soit pas réclamé ou que la tranquillité du port ne soit pas compromise; mais qu'en dehors de ces cas, l'autorité des lois et des juridictions étrangères reprend son empire, notamment toutes les fois que le délit a été commis à terre (C. cass., 29 février 1868), ou qu'ayant été commis à bord, il l'a été par une personne ou contre une personne étrangère à l'équipage. Dans ces derniers cas, la nationalité du port l'emporte sur celle du navire ; c'est l'intérêt de l'Etat étranger qui est alors prédominant.

Cette doctrine a été consacrée de nouveau dans l'ordonnance du 29 octobre 1833, sur les fonctions des consuls dans leurs rapports avec la marine commerciale. Elle est sanctionnée dans de nombreux traités de commerce et de navigation conclus entre la France et divers Etats étrangers.

§ 3. Faits constituant le délit commis sur le territoire. — Le territoire national et les lieux qui peuvent y être assimilés étant définis, il importe de savoir quels sont les faits qui devront y avoir été accomplis pour qu'on puisse dire que le délit a été commis sur le territoire.

Un délit n'existe qu'autant que les faits qui le caractérisent et en forment les éléments indispensables se trouvent réunis; c'est donc à ces faits générateurs du délit qu'il faut s'attacher pour savoir s'il y a un délit commis sur notre territoire. Par conséquent, ni les projets, ni les résolutions, ni même les actes préparatoires ne devront être pris en considération, parce qu'ils ne constituent pas en eux-mêmes un délit, à moins que notre loi pénale ne les ait spécialement incriminés, comme dans les cas d'associations de malfaiteurs (art. 265-267 Code pénal), de menaces (art. 305 et s.) ou de complot (art. 89).

C'est aux actes d'exécution qu'il faut s'attacher, soit que cette exécution ait été achevée en France, soit qu'elle y ait été seulement commencée. Quelques difficultés se présentent à l'égard des délits continus ou successifs, comme la séquestration illégale, ou des délits collectifs ou d'habitude, comme le délit d'usure. Le délit continu ou successif n'étant qu'un délit unique se prolongeant dans la durée, il suffit que les faits constitutifs du délit se soient passés en France à un moment quelconque, pour qu'on puisse dire que le délit a été commis sur notre territoire. Quant aux délits collectifs ou d'habitude, comme ils ne sont incriminés qu'autant qu'un certain nombre de faits se sont produits, il sera nécessaire qu'il y ait eu, en France, un nombre de faits suffisants pour constituer l'habitude.

En dehors de ces hypothèses, si les faits d'exécution sont multiples, il suffira que l'un de ces faits se soit passé en France, pour que le délit soit considéré comme un délit commis sur notre territoire. Ainsi le meurtre, résultant d'un coup de feu tiré d'un territoire étranger sur une personne se trouvant en France, sera considéré comme commis en France; de même que celui résultant d'un coup de feu tiré du territoire français sur une personne se trouvant à l'étranger.

De même la publication, en France, d'un écrit diffamatoire est un délit commis en France, bien que la personne diffamée se trouve en pays étranger ; mais, à l'inverse, la publication en pays étranger d'un écrit diffamatoire contre une personne demeurant en France ne serait pas un délit commis sur notre territoire, parce qu'aucun fait d'exécution ne se serait produit en France.

— Toutes les fois qu'une infraction à la loi pénale a été commise sur notre territoire par un étranger, celui-ci devient justiciable de nos tribunaux, et la loi pénale qui lui est applicable est la loi pénale française, car nos tribunaux ne sont pas chargés d'appliquer les lois de police et de sûreté des pays étrangers. Il n'y a pas à s'inquiéter de savoir si le même fait est puni par la législation de cet étranger. En venant habiter momentanément et passagèrement en France, l'étranger se trouve soumis, malgré lui, aux lois pénales du pays qui lui donne l'hospitalité. « Habiter le territoire, disait Portalis, c'est se soumettre à la souveraineté. » L'étranger ne peut, en France, être mieux traité qu'un Français, s'il n'y observe pas les lois de police et de sûreté qui intéressent l'ordre public.

Dès lors, l'étranger pourra, comme un Français, être jugé, même par défaut, ou, s'il s'agit de crimes, même par contumace.

Le droit pour nos tribunaux de juger l'étranger coupable d'un délit commis sur notre territoire ne peut être paralysé par une poursuite exercée en pays étranger.

L'Etat sur le territoire duquel une infraction à la loi pénale a été commise, est le premier et le principal intéressé à la punition du coupable. C'est sa propre sécurité qui est en question ; c'est son propre intérêt social qu'il s'agit de défendre ; c'est chez lui que se fait sentir le besoin de l'exemple.

Il faut, en outre décider, malgré l'opinion contraire émise par certains jurisconsultes, que nos juridictions pénales conservent le droit de juger l'étranger, quand même il serait intervenu déjà un jugement passé en force de chose jugée rendu par un tribunal étranger. L'autorité de l'Etat sur le territoire duquel une infraction à la loi pénale a été commise, ne peut être tenue en échec par une souveraineté étrangère, et elle ne peut être obligée de s'incliner devant un jugement plus ou moins impartial rendu en pays étranger. En effet, notre Code d'instruction criminelle n'impose le respect d'un jugement rendu à l'étranger qu'à l'occasion d'un délit commis par un Français en *pays étranger* (art. 5 C. I. cr.).

En consacrant spécialement l'autorité des jugements étrangers pour les délits commis hors de notre territoire, le législateur la repousse par là même pour les délits commis sur notre territoire. Cette solution est admise et maintenue avec fermeté par la jurisprudence (C. cas., 21 mars 1862 , 23 novembre 1866 ; cour d'assises de la Moselle, 4 décembre 1867, et C. cas., 11 septembre 1873). Elle est une conséquence de la souveraineté territoriale de l'Etat dont les lois de police et de sûreté ont été violées.

CHAPITRE II.

DES INFRACTIONS A LA LOI PÉNALE COMMISES HORS DE NOTRE TERRITOIRE.

La loi pénale est territoriale, en ce sens qu'elle s'applique à toutes les infractions commises sur le territoire, abstraction faite de la nationalité de l'agent ou de la victime du délit. Mais la loi pénale doit-elle être exclusivement territoriale, ou ne doit-elle pas avoir un certain caractère personnel et atteindre même les délits commis à l'étranger par les nationaux? Quelques législations ne reconnaissent à la loi pénale qu'un caractère territorial, notamment les législations anglaise et américaine; mais la plupart des législations européennes admettent que la loi pénale a un caractère mixte ; qu'elle doit atteindre non seulement les délits commis sur le territoire, abstraction faite des personnes, mais qu'elle doit aussi, dans une certaine mesure, régir les délits commis à l'étranger par les nationaux.

Nous allons examiner quel est le système admis par notre législation, d'après la loi du 27 juin 1866, en donnant auparavant quelques notions historiques sur cette question intéressante.

§ 1. Notions historiques. — Dans notre ancien droit, le principe qui avait prévalu, c'est que nos lois pénales devaient avoir un caractère personnel et que leur autorité devait s'étendre sur les Français pour les délits commis par eux en pays étranger. Cette doctrine est attestée par Jousse et Rousseau de la Combe, jurisconsultes du dix-huitième siècle. Elle était spécialement consacrée dans l'édit de 1679 contre le duel.

Le Code de 1791 ne s'était pas expliqué sur les infractions à la loi pénale commises hors du territoire; mais le Code des délits et des peines du 3 brumaire de l'an IV déclarait formellement que tout Français qui se serait rendu coupable, hors du territoire de la République, d'un délit puni par les lois françaises d'une peine afflictive ou infamante, serait jugé et puni en France, lorsqu'il y serait arrêté, et que, s'il s'agissait de crimes attentatoires au crédit public de l'Etat français, les étrangers eux-mêmes pourraient être poursuivis et jugés en France.

Lors de la discussion du Code d'instruction criminelle, qui précéda celle du Code pénal, la question de la territorialité ou de la personnalité de la loi pénale fut agitée, car il s'agissait de déterminer les conditions de l'exercice de l'action publique. Treilhard et Bérenger soutinrent la doctrine de la territorialité ; Berlier, Cambacérès et Target défendirent celle de la personnalité. Le Code d'instruction criminelle de 1808, réagissant contre la législation antérieure, reconnut en principe que la loi pénale devait être territoriale, et ce ne fut que par exception et dans des limites très restreintes qu'il admit la poursuite, en France, des délits commis en pays étranger.

A cet égard, le Code distinguait entre les *crimes* contre l'Etat et les *crimes* contre les particuliers.

Quand il s'agissait de *certains crimes* contre l'*Etat* : « ceux attentatoires à la sûreté de l'Etat, de contre-« façon du sceau de l'Etat, de monnaies nationales ayant « cours, de papiers nationaux, de billets de banque auto-« risés par la loi », le Français qui s'en était rendu coupable, hors du territoire de France, pouvait être poursuivi, jugé et puni en France, d'après les dispositions des lois françaises, même par contumace (art. 5 C. I. cr. de 1808). — Les étrangers, auteurs ou complices des mêmes crimes, ne pouvaient être poursuivis et jugés en

France qu'autant qu'ils étaient *arrêtés* en France ou que le gouvernement en obtenait l'*extradition* (art. 6 C. I. cr. de 1808).

Quand il s'agissait d'un *crime* contre les *particuliers*, ce crime n'était punissable en France qu'autant qu'il avait été commis par un Français ; mais il fallait que toutes les conditions suivantes fussent réunies :

1° Que le crime eût été commis contre un Français ;

2° Que le Français offensé portât plainte ;

3° Que le Français coupable fût de retour en France ;

4° Qu'il n'eût pas été déjà poursuivi et jugé en pays étranger (art. 7 C. I. cr., ancien texte de 1808).

Cet ensemble de restrictions apportées au droit de punir en France les infractions à la loi pénale, commises en pays étranger, amenait des résultats bizarres.

Un Français volait, en Belgique, un de ses compatriotes ; le coupable et la victime rentraient en France ; le vol était constant, le coupable était encore nanti des objets volés. Aucune poursuite pénale ne pouvait avoir lieu en France, car il ne s'agissait que d'un délit de police correctionnelle. Il assassinait un Belge et se sauvait en France ; aucune punition ne pouvait l'atteindre en France, car sa victime était un étranger. En outre, il ne pouvait être ni expulsé du territoire, car on ne peut expulser que des étrangers, ni livré au gouvernement étranger, car on ne livre pas son national. Il assassinait un Français et se sauvait en France, les héritiers de la victime s'abstenaient de porter plainte ; aucune poursuite ne pouvait être dirigée contre lui.

Les inconvénients de cette législation se faisaient surtout sentir dans les départements touchant à nos frontières. On lui reprochait surtout son insuffisance d'autorité sur les Français en pays étranger, son insuffisance de protection pour les nationaux hors de France. Elle était, en outre, en désaccord avec la plupart des législations européennes.

Quelques tentatives de réforme avaient été faites à différentes époques.

En 1842, M. Martin (du Nord) présenta un projet qui faisait une plus large part au principe de la personnalité de la loi pénale. Ce projet, combattu par Dupin et Berville, soutenu par Odilon Barrot, Vivien et Isambert, fut adopté par la Chambre des députés ; mais, à la Chambre des pairs, il fut rejeté le 22 mai 1843, après de savantes discussions auxquelles prirent part MM. de Broglie, Rossi, Barthe, dans l'intérêt du principe de la territorialité, et Laplagne-Barris, Mérilhou, Villemain, en faveur du principe de la personnalité.

La question fut reprise en 1845. La Cour de cassation, les cours d'appel et les facultés de droit furent appelées à donner leur avis.

En 1852, un nouveau projet de loi admis par le Conseil d'État fut soumis au Corps législatif. Ce projet étendait le droit de poursuite en France aux délits de police correctionnelle commis à l'étranger; il permettait même de poursuivre les étrangers pour des infractions commises à l'étranger contre nos nationaux, en exigeant toutefois, pour de simples délits, qu'il y eût des conventions diplomatiques. Le Corps législatif adopta le projet; mais le gouvernement, après l'avoir soumis au Sénat, le retira par suite de difficultés survenues dans les négociations de conventions diplomatiques avec l'Angleterre.

Enfin, la loi du 27 juin 1866 est venue réaliser la réforme vainement tentée jusqu'alors, en donnant une grande extension au pouvoir de punir, en France, les faits délictueux commis par un Français en pays étranger.

L'article 1er de cette loi modifie les art. 5 à 7 du Code d'instruction criminelle. L'article 2 contient des dispositions spéciales qui sont en dehors du Code. Ce sont ces dispositions nouvelles qui constituent la législation actuelle que nous devons étudier.

2. Législation actuelle (L. 27 juin 1866). — A l'égard des infractions à la loi pénale commises sur le territoire français, nous avons vu qu'il n'y a pas lieu de distinguer la nationalité, soit de l'agent, soit du patient du délit, ni la nature ou la gravité de l'infraction, et qu'à ce point de vue notre loi pénale est territoriale.

Mais à l'égard des infractions pénales commises en pays étranger, il importe, comme nous allons le voir, de tenir compte de la nationalité de l'agent du délit, comme aussi de la nature et de la gravité de l'infraction.

Nous examinerons successivement l'hypothèse où le coupable est un Français et celle, au contraire, où il est étranger.

Première hypothèse : le coupable est un Français. — D'après la nouvelle loi de 1866, il faut distinguer si l'infraction à notre loi pénale est un crime, ou un délit de police correctionnelle, ou même une contravention à certaines lois fiscales ou de police.

I. *Crimes commis en pays étranger.* — Quand un Français s'est rendu coupable d'un *crime* en pays étranger, il n'y a plus à distinguer, comme sous le Code de 1808, si la partie lésée est un Français ou un étranger, ni si elle porte ou non une plainte contre l'auteur du crime. Dans tous les cas, le Français qui, hors du « territoire de « France, s'est rendu coupable d'un crime puni par la loi « française, peut être poursuivi et jugé en France » (art. 5, § 1, C. I. cr. d'après la loi de 1866).

Toutefois, il y a encore à distinguer, comme sous l'empire de l'ancien texte du Code d'instruction criminelle, s'il s'agit de certains crimes contre l'État français ou de tous autres crimes.

En effet, s'il s'agit d'un « crime attentatoire à la sûreté « de l'Etat, ou de contrefaçon du sceau de l'Etat, de mon-

« naies nationales ayant cours, de billets de banque auto-« risés par la loi », le Français peut être poursuivi et juge même par *contumace*.

Au contraire, pour tous autres crimes, aucune poursuite n'a lieu avant son *retour* en France (art. 5 *in fine* et art. 7).

II. *Délits de police correctionnelle commis à l'étranger*. — Sous le Code d'instruction criminelle de 1808, le Français n'était jamais punissable en France pour un simple délit de police correctionnelle commis en pays étranger. D'après le nouveau texte résultant de la loi de 1866, « tout Fran-« çais qui, hors du territoire de la France, s'est rendu « coupable d'un fait qualifié délit par la loi française, « peut être poursuivi et jugé en France, si le fait est puni « par la législation du pays où il a été commis » (art. 5, § 2).

Il résulte des termes généraux de cette disposition qu'il n'y a aucune distinction à faire, ni quant à la nature, ni quant à la gravité des délits. Par cela seul que le fait est puni d'une peine correctionnelle par notre législation, soit d'un emprisonnement, soit même d'une amende, il peut être poursuivi en France. Ainsi les délits politiques et les délits de presse peuvent certainement donner lieu à des poursuites pénales devant les tribunaux français.

Néanmoins une restriction notable est apportée à cette règle par les derniers mots de l'art. 5, § 2. Pour que le fait qualifié délit par la loi française soit punissable en France, *il faut qu'il soit également puni par la législation* du pays où il a été commis. Cette restriction a été introduite dans la loi à la suite d'un amendement proposé par la commission du Corps législatif et adopté par le Conseil d'État. C'est une imitation du Code pénal prussien, dont la disposition a été reproduite, en 1870, dans le Code de l'Allemagne du Nord.

Il suffit, du reste, que le même fait soit puni par la législation étrangère; mais il n'est pas nécessaire qu'il y ait identité, ni même analogie de peine. Pour justifier cette restriction, on a observé que le fait, étant puni par la loi nationale et par la loi étrangère, devait alors être considéré comme présentant une certaine gravité; qu'il était juste que le Français ne pût être puni en France qu'autant qu'il se serait soustrait à une peine méritée en pays étranger; qu'autrement, si le fait n'était pas punissable en pays étranger, il aurait intérêt à y rester pour s'assurer l'impunité, et qu'il serait inique de le punir en France, uniquement parce qu'il est de retour dans son pays. Enfin cette restriction a pour effet d'éliminer un certain nombre de délits politiques, de presse ou de police, qui n'intéressent que l'Etat français.

Dans le cas où le délit de police correctionnelle a été commis contre un particulier français ou étranger, la poursuite en France est soumise à certaines garanties qui constituent des dérogations au droit commun : 1° elle ne peut être intentée qu'à la requête du ministère public; de telle sorte que la partie lésée ne peut citer directement devant le tribunal de répression; 2° elle doit être précédée d'une plainte de la partie offensée ou d'une dénonciation officielle à l'autorité française par l'autorité du pays où le délit a été commis (art. 5, § 4, L. 27 juin 1866).

Règles communes aux crimes et aux délits. — Quelques règles sont communes aux crimes et aux délits commis par un Français en pays étranger :

1° Pour tous les crimes, si ce n'est pour certains crimes contre l'Etat que nous avons énumérés, et pour tous les délits de police correctionnelle, le Français ne peut être poursuivi avant son *retour* en France (art. 5, § 5, L. 1866). C'est la présence du coupable qui est une cause d'alarme et qui fait naître l'intérêt social de la répression. Mais ce retour doit être *volontaire*, ainsi que le décide, avec raison, la Cour de cassation (arrêt du 5 février 1857).

Par conséquent, le gouvernement français ne pourrait pas demander l'extradition du Français pour le crime ou le délit commis en pays étranger ; mais si le coupable avait *consenti* à être ramené en France sur une pareille demande, son retour devrait être considéré comme volontaire (C. cass., 8 nov. 1860).

2° Dans tous les cas, sans exception, soit qu'il s'agisse d'un crime, soit qu'il s'agisse d'un délit, aucune poursuite n'a lieu si l'inculpé prouve qu'il a été jugé à l'étranger (art. 5, § 3, C. I. cr.).

Si c'est à l'inculpé à prouver l'existence du jugement, il n'a pas, bien entendu, à en prouver le bien fondé, et il échappe à toute poursuite par cela seul qu'il a été jugé définitivement, quel que soit le résultat de ce jugement, soit une condamnation, soit un acquittement, soit une absolution. En cas de condamnation, il n'est pas nécessaire que la peine ait été subie ou éteinte par prescription. Le projet du gouvernement exigeait cette condition, à l'exemple de certains codes de pays étrangers, notamment de l'Allemagne, de l'Autriche et de l'Italie ; mais ce surcroît d'exigence a été supprimé et on a maintenu, à cet égard, l'ancien texte du Code.

En matière pénale, le jugement rendu en pays étranger a, par conséquent, autorité de chose jugée en France. La loi française respecte ainsi la souveraineté territoriale de l'Etat étranger, qui était le plus intéressé à la poursuite du coupable. C'est une question très controversée que celle de savoir si l'on doit reconnaître, en matière civile, une telle autorité aux jugements rendus en pays étranger, et il faut reconnaître qu'en faveur de l'affirmative, on peut tirer un puissant argument de l'art. 5 du Code d'instruction criminelle.

3° Pour les crimes et les délits commis en pays étranger, c'est toujours la loi pénale française qui sera applicable. Nos tribunaux ne peuvent infliger que les peines prévues par nos lois. Il faut en conclure que c'est d'après la loi française qu'on devra décider si la prescription de l'action publique est ou non accomplie.

4° La loi de 1866 détermine, enfin, dans le nouvel article 6 du Code d'instruction criminelle, quelles sont les juridictions compétentes pour statuer, dans tous les cas, sur les crimes ou délits commis en pays étranger.

Quand il s'agit d'une infraction à la loi pénale commise en France, trois juridictions peuvent se trouver compétentes : celle du lieu où l'infraction a été commise, celle du lieu de la résidence de l'inculpé, celle du lieu où il est arrêté. Quand il s'agit d'une infraction à la loi pénale commise en pays étranger, les juridictions françaises compétentes pour statuer ne peuvent être que celles du lieu de la résidence ou du lieu de la capture de l'inculpé. Aussi le premier paragraphe de l'art. 6 décide que « la pour-« suite est intentée à la requête du ministère public du lieu « où réside le prévenu, ou du lieu où il peut être trouvé ».

Mais comme le tribunal, soit du lieu de la résidence, soit du lieu de la capture, peut être éloigné de la frontière du pays où le délit a été commis ; que cet éloignement peut donner lieu à des difficultés d'instruction et de procédure ; qu'en outre, il peut être utile, dans l'intérêt d'un exemple plus efficace à donner, de déterminer une juridiction plus rapprochée du lieu du délit, le second paragraphe de ce même article autorise la Cour de cassation, sur la demande du ministère public ou des parties, à renvoyer la connaissance de l'affaire devant une cour ou un tribunal plus voisin du lieu du crime ou du délit.

III. *Contraventions commises en pays étranger à certaines lois fiscales ou de police.* — L'art. 2 de la loi de 1866, qui, du reste, ne fait pas partie du Code d'instruction criminelle, autorise des poursuites en France pour des contraventions à certaines matières spéciales ayant pour objet des intérêts fiscaux ou de police d'un pays étranger. Cet article est ainsi conçu :

« Tout Français qui s'est rendu coupable de délits et « contraventions en matière *forestière*, *rurale*, de *pêche*, « de *douane* ou de *contributions indirectes*, sur le territoire « de l'un des États *limitrophes*, peut être poursuivi et jugé « en France, d'après la loi française, si cet État autorise « la poursuite de ses regnicoles pour les mêmes faits com« mis en France.

« La *réciprocité* sera légalement constatée par des con« ventions internationales ou par un décret publié au *Bul*« *letin des lois.* »

Cette disposition a été édictée dans le but d'arrêter les déprédations et les dommages qui ont lieu journellement sur nos frontières et y entretiennent des habitudes de rapines et de violences. Son caractère anormal doit la faire restreindre dans les limites indiquées par les termes mêmes de l'article. Dès lors, elle ne s'applique qu'autant que les trois conditions suivantes sont réunies. Il faut : 1° qu'il s'agisse de délits et contraventions relatifs aux matières spéciales mentionnées dans le texte ; 2° que ces délits et contraventions aient eu lieu sur le territoire d'Etats limitrophes ; 3° qu'enfin il y ait une réciprocité légalement constatée; de telle sorte que ces Etats punissent également leurs nationaux pour les mêmes faits commis en France. Cette réciprocité est une sorte d'assurance mutuelle entre les Etats limitrophes pour la protection de leurs intérêts similaires.

Malgré le silence de cet article, il faut également décider que le Français, coupable de ces sortes de délits ou contraventions en pays étranger, ne peut être jugé en France qu'à son retour, et pourvu qu'il n'ait pas été jugé définitivement en pays étranger.

DEUXIÈME HYPOTHÈSE : LE COUPABLE EST UN ÉTRANGER. — Lorsque c'est un étranger qui, hors du territoire de France, s'est rendu coupable d'une infraction à la loi pénale française, la loi de 1866 n'apporte aucun changement à la législation antérieure du Code d'instruction criminelle.

Cette hypothèse est régie par le nouvel article 7 du Code d'instruction criminelle, ainsi conçu :

« Tout étranger qui, hors du territoire de France, se « sera rendu coupable, soit comme auteur, soit comme « complice, d'un crime attentatoire à la sûreté de l'Etat, « ou de contrefaçon du sceau de l'État, de monnaies na- « tionales ayant cours, de papiers nationaux, de billets « de banque autorisés par la loi, pourra être poursuivi et « jugé d'après les dispositions des lois françaises, s'il « est arrêté en France ou si le gouvernement obtient son « extradition. »

Ainsi, ce n'est que par exception et lorsqu'il s'agit seulement de *certains crimes* contre la sûreté ou le crédit de l'Etat français, que l'étranger qui s'en est rendu coupable hors de notre territoire, peut être jugé et puni en France.

Il est à remarquer que ces mêmes crimes sont ceux pour lesquels le Français qui s'en est rendu coupable en pays étranger peut être jugé en France, sans aucune condition de retour, même par contumace.

Mais, quant à l'étranger, la poursuite n'est autorisée pour ces crimes qu'à la condition : ou qu'il soit *arrêté* en France, ou que le gouvernement en obtienne l'*extradition*.

En dehors des crimes énumérés par l'article 7, l'étranger qui s'est rendu coupable, hors de notre territoire, d'une infraction quelconque à la loi pénale française, même contre un Français, n'est pas punissable en France.

S'il se trouve sur notre territoire, le gouvernement français peut seulement : ou l'expulser, par mesure de police, en vertu de la loi du 3 décembre 1849 (art. 7 et s.), ou le livrer au gouvernement étranger devant lequel il est responsable, si ce gouvernement en demande l'extradition (1).

§ 3. Règles spéciales de pénalité et de juridiction pour les infractions a la loi pénale commises en certains pays étrangers. — Des différences profondes de mœurs, de civilisation, de religion, entre la France et quelques peuples étrangers, ont fait admettre, dans l'intérêt de nos nationaux, des règles spéciales de pénalité et de juridiction, pour les infractions par eux commises en certains pays éloignés.

D'après des traités ou capitulations, qui remontent à François Ier, les délits des Français entre eux, ou même contre un sujet de l'empire ottoman, dans les Echelles du Levant ou de Barbarie, restent soumis à la loi et à l'autorité françaises. Une loi du 28 mai 1836, relative à la poursuite et au jugement des contraventions, délits et crimes commis par des Français dans ces pays, confère en général à nos consuls un droit exclusif de juridiction et de police sur nos nationaux.

Des stipulations analogues ont été faites dans des traités: entre la France et la Chine (25 sept. 1844; 27 juin 1858, 25 octobre 1860); entre la France et l'iman de Mascate, sur la côte d'Arabie (17 novembre 1844). Une loi du 8 juillet 1852 règle, dans ces pays, les pouvoirs de police et de juridiction, conformément au système de la loi du 28 mai 1836.

Enfin des traités ont été conclus, dans le même but, avec le royaume de Siam (15 août 1856), et avec l'empire du Japon (9 octobre 1858).

Les infractions à la loi pénale commises par des Français, dans ces divers pays, sont soumises aux lois et aux juridictions françaises, comme si elles avaient été commises sur notre territoire.

(1) Nous renvoyons, pour les règles relatives à l'extradition, au savant ouvrage publié par M. Billot, directeur des affaires politiques au ministère des affaires étrangères.

TABLE DES MATIÈRES

CHAPITRE PREMIER

DES INFRACTIONS A LA LOI PÉNALE COMMISES SUR NOTRE TERRITOIRE.

CHAPITRE II

DES INFRACTIONS A LA LOI PÉNALE COMMISES HORS DE NOTRE TERRITOIRE.

11260. — Paris. Imprimerie de Ch. Noblet, 13, rue Cujas. — 18[illegible].

www.ingramcontent.com/pod-product-compliance
Ingram Content Group UK Ltd.
Pitfield, Milton Keynes, MK11 3LW, UK
UKHW020422220726
13923UKWH00005B/2102

9 782019 258801